끄적? 끄덕!

정성교 씀

마이티북스

편집자의 말

출간을 확정한 이후, 작가님과 몇 차례나 통화를 해야 했습니다. 원고의 무게를 언급하시며 선뜻 마음을 놓지 못하셨지만, 저는 AI가 등장했음에도 개인의 글쓰기와 책쓰기에 대한 열망이 오히려 커지고 있음을 근거로 기획을 고집했습니다.

실제로 저자께서는 가난을 딛고 성장했고, 산을 오르며 독서와 글쓰기를 시작하셨습니다. 이번 책의 글들은 그런 생활 속 루틴에서 자연스레 흘러나온 것들입니다.

저의 고집으로 책이 가벼워졌습니다. 독자가 하루에 글감 하나를 읽고, 하나를 생각하도록 책을 구성했습니다. 니지인 역시 연결감보다는 끊어 읽는 호흡을 택했습니다. 워크시트나 빈 칸이 없어도 자연스레 한 줄을 쓰는 사람들이 생길 것이라 믿습니다.

그러니 이 책을 속독하지 않기를 바랍니다. 쉽게 읽히는 만큼 실제로 실천하고 있는지를 떠올려 주시길 바랍니다. 끝내 제가 지키고 싶었던 것도 바로 그것입니다. 오늘 한 장을 읽고 잠시라도 멈추어 생각하는 경험. 그 시간이 쌓여 자신만의 문장이 남기를 바랍니다.

―――――――――――――― 작가의 말

저는 오랫동안 명언과 격언에 기대어 하루를 시작해 왔습니다. 힘든 날엔 위로를 얻었고, 평범한 날엔 왜 다시 최선을 다해야 하는지를 떠올릴 수 있었습니다. 그 과정에서 분명해진 믿음이 있습니다. "경력은 태도를 이길 수 없다." 하루를 대하는 태도가 삶의 차이를 만든다고 믿습니다. 저는 매일 아침 짧은 문장을 쓰고, 읽으며, 어제의 관성으로부터 벗어나려고 부단히 애를 씁니다. 일관성만으로는 때로 제자리걸음하거나 오히려 퇴보할 때도 있습니다. 그래서 작은 문장 한 줄로 그날의 시선을 정리하려 합니다.

생각과 마음은 흰 수건에 묻은 잉크와 같아서 한순간에 바뀌지 않습니다. 올바른 생각과 좋은 마음이 스며들도록 오래 묻은 때를 닦아내야 합니다. 같은 시각, 같은 분량의 짧은 글을 꾸준히 읽다 보면 삶의 질과 만족도는 높아지고, 일상의 사소함 속에서 고마움과 감사를 더 자주 발견하게 됩니다. 결국 인생은 누가 더 많은 감사의 시간을 쌓았는가의 문제일지도 모릅니다. 감사가 반복되면 나눔과 베풂은 자연스럽게 이어집니다. 이 책에 담긴 짧은 글들이 여러분의 아침에 작은 방향표가 되기를 바랍니다.

감사합니다.

더디 오는 가을을 기다리며.

목차

Chapter 1. 마음의 등불을 켜다

무엇 008
지난 날 009
탓보다 탁! 010
철 012
해봐도 돼, 괜찮아 013
부메랑 014
도취 017
개성 018
부여 019
과거 020
한계 021
위험 022
연극 023
나태 왜 그래 024
곧음 025
발화 026
나다움 027
나에게 귀 대어 028
차분 030
부메랑 032
I know 033
모른 체 034
후에 036
무식 038
연주 040

Chapter 2. 발걸음을 내딛다

감사와 고마움 044
무기력 046
울림 048
줌 050
비포장 길 051
you軟 053
2you 054
소신 055
請하라 056
원한 060
내것 062
내일 날 see 064
감사, 그저 감사 066
see same 068
그 넘어 070
지금 072
점차 074
그럴 수도 076
세로등 078
역설 080
때때로 081
따분 082
준비 084
날 위한 086
담다 087

Chapter 3. 마음의 결을 맞추다

내편 090
지나감 092
미숙 094
이름 095
떨어지는 시간 096
다름이 아닌 충전 098
찰나 099
편愛 100
인정 101
전화기 102
Attitude 104
high way 106
i 107
나눔 108
안녕하세요? 110
원함 112
부족 113
탓 114
토닥 115
smile 117
보고 또 듣고 118
Thanks 119
물드는 시간 121
비침 122
그린 〈날〉 123

Chapter 4. 세상과의 숨고르기

빈털터리 126
반복 127
흐름 128
새벽 129
해방 130
다시 볼 133
부치지 못한 나 134
과장 없이, 안주 없이 136
안주 137
피는 봄 139
나아짐 140
오판 141
같이 143
독고die 144
다다르다 145
공존 146
T 147
기대 유통기한 148
on do 149
연극 151
과장 153
나눔2 154
감사, 그저 감사 156
나눔3 158

Chapter 1
마음의 등불을 켜다

무엇

무엇 때문에도
무엇을 만들 때도
무엇이 필요한 때도
무엇을 해결하는 것도
다 내 마음에서 피고 진다
무엇은 나의 생각이자 마음이다

끄적? 끄덕!

지난 날

이기고 싶은 욕구가 많아
승리와 패배의 사이에서
배회하며 마치 패배자
인것처럼 흘려보낸
시간이 길었다.

후에 깨달았지만
승리와 패배는 없고
새로운 시도와 머무름
만이 있다는 걸 알게 되었다.

탓보다 탁!

탓을 하려면
나를 탓하고

나를 탓함을
기꺼이 하라

지금
일어나는
모든 현상이
내게서 파생되어
내게 돌아 온 것이다.

현실을 부정한다면 방법이 있는데,
과거로 돌아가 현재를 바꾸면 된다

할 수 있다면 그렇게 하면 되고
할 수 없다면 그렇게 살지 말고
같은 어제 같은 오늘 같은 내일

끄적? 끄덕!

다른 어제 다른 오늘 다른 내일

변화 없이
'원하기'만 하면
글에 망자가 붙는다.

원'망'하는

나.

철

어릴 적, 아니 어른이 되어서도
'철 좀 들어라'라는 말을 듣습니다.

무거운 철을 들으려면
몸과 마음에 준비가
되어 있어야 합니다.

준비가 되지 않은 상태로
들었다가는 다치거나
포기하게 됩니다.

철 든 다는 것은
무슨 일이든 깊이 생각하고
준비하여 행하라는 말입니다.

끄적? 끄덕!

해봐도 돼, 괜찮아

나이가 들수록
설레기 쉽지 않은 건

새로운 것을
찾지 않음에 있다.

설렘은
두 가지 이름을
함께 가지고 있어 그럴까,

기대와
두려움

후자에 생각이 많아지니
언제나 설렘이 부담스럽다.

두려움과 불안함에 숨겨진
설렘의 꽃씨를 꺼내
숨을 불어 넣어라

부메랑

이상하게도
상처를 주는 사람은
잘 기억하지 못하는데

받은 사람은
지워지지 않는다.

그래서 그 관계는

반
복
되
는

경우가 많다.

끄적? 끄덕!

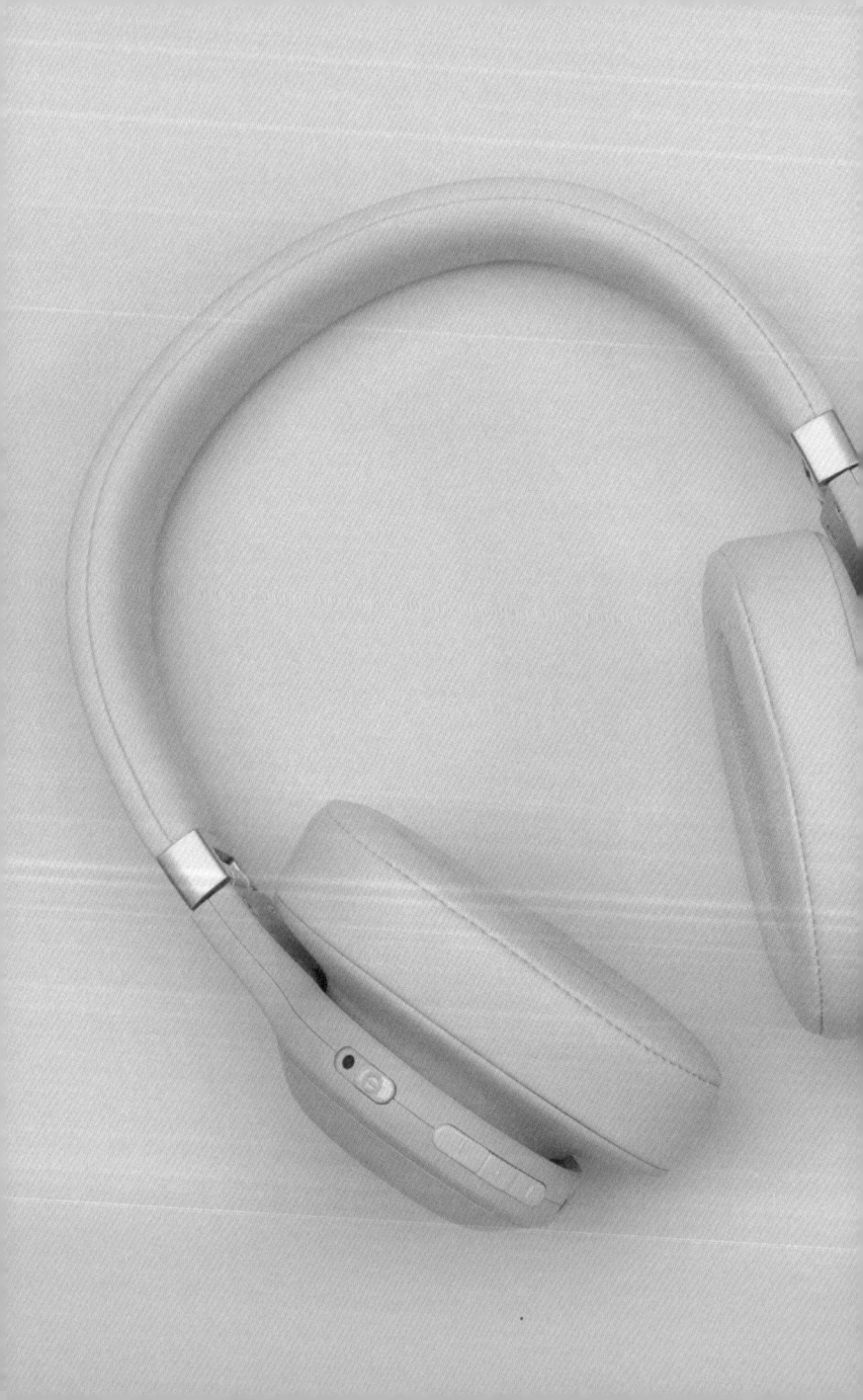

도취

무엇인가에 몰두하다 보면
누가 말을 걸고 불러도
듣지 못할 때가 있다.

바로
세상에서
가장 고귀한
귀머거리가 되는

시간이다.

개성

상대방에게
없어 장점일 수도

상대방에게
없어 난점일 수도

모두에게 없는 개성으로
모두를 즐겁게 한다면
성장의 개성이요,

모두에게 없는 개성으로
모두를 불편하게 한다면
퇴보의 개성이다.

끄적? 끄덕!

부여

긍정일 수도
부정일 수도

있지만
인생은

주사위가
아닙니다.

막 던지고
던져 놓는
삶 보다는

긍정을
부여해
이끄는

삶이
되길

과거

과 / 과정
거 / 거름

과정 속에서 배우고
기름진 땅을 일구다.

끄적? 끄덕!

한계

한계는

한 개의
행동으로부터
이겨낼 수 있다

생각하는 것은
누구든 하지만

행동하는 것은
모두가 아니다.

위험

확신하는 순간
확산되는 것은
타인과의 충돌

뿐이다.

내가 알고
내가 보는 것이
전부가 아닌 것을.

끄적? 끄덕!

연극

누군가의 마음과 배려를
다른 사람과 비교하지 마라

보이는 것에 대한 믿음이 습관이 되면
마음은 진실을 잃어버린 장님이 될 테니까.

나태 왜 그래

어느 날 내게
문제가 생겼다
일어난 것은 현상
받아들이는 것은 부정
주체할 수 없는 것은 현실
인정할 수 없는 이유는 핑계.

끄적? 끄덕!

곧음

무엇이
크고 작은지는
자신만이 아는 것이지
누군가에 의해서 결정되는 것이

아니다.

다른 사람들의
상식이 필요한 게 아니라
제대로 된 내 의식이 필요할 뿐.

발화

바라지 말자.

원함이 커지니
원망이 타오르고
결국 타버리는 건

나.

끄적? 끄덕!

나다움

꽃다운 나이란,

꽃처럼 밝게 핀
삶이라기보다

뭔가에 '꽂'혀 있어
힘이 들고 어려워도
미친 듯 즐거운 시간

아닐까.

나에게 귀 대어

내 말을 잘 들어주는 사람이
착하고 좋은 사람이란 생각을
즉시 머리에서 지우기 바랍니다.

동조와 위로가 깊으면
나에게 독이 됩니다.

변화가 일어나지 않는
수많은 이해의 대화들은
전혀 도움이 되지 못합니다.

이해의 대화 속에
분명한 변화가 생겼을 때
올바른 관계가 만들어집니다.

지금 내가 해야 할 일,
그것에 집중해야 합니다.

끄적? 끄덕!

그래야

쫓기는 기분이
불안한 마음이
우울한 생각이

자신을 괴롭히지 않습니다.

그때서야 비로소 진짜
평온에 웃음이 납니다.

차분

지금
세상은
뭐든지 빨리,
빠른 걸 원한다.

그 결과,

대화도 빨라졌고
빨라진 대화로 인해
없어도 될 상처를 받는다.

SOS

끄적? 끄덕!

Stop

Observe

Say

누군가의 대화에서
즉시 답하는 것이 아니라
잠깐 멈춘 뒤 생각하고 말하기.

상처 중에 가장 큰 상처가 바로
한마디 말이고, 그 한마디 말이
관계를 좋게도 나쁘게도 한다.

말을 조심하지 말고,
입 떼는 것을 조심하라.

부메랑 2

삶은 동그라미처럼 연결되어 있어
내가 했던 말과, 행동이 다시
내게 돌아오게 되어 있다.

내가 먼저 감사하고
내가 먼저 배려하며
내가 먼저 행동하고
내가 먼저 사랑하면

휘~

돌고 돌아
다시 내게로.

끄적? 끄덕!

I know

잘난 척
지만 아는

이기적이고
이질적인 모습

I no!

깊은 사려로 마음 사려해.

모른 체

지친다.

지치는 이유는
소중한 하루를
시치미 뚝떼고
지나치기 때문

하루를 지나친 이유는
지나친 인정에서였다.

괜찮다, 괜찮아.
다들 그렇게 산다.

괜찮지
못한데
괜찮다
는인정

아닌 걸 알면서도
또 다시 그렇게
보낸 하루와
이별.

후에

사람은
사람이

떠날까봐
안절부절
애태운다.

누구든
언제든
떠날 수
있지만

사람을 떠나
보내기 전에
기억해야 할
것들이 있다.

끄적? 끄덕!

첫째,
그의 선택이
가장 중요하고

둘째,
떠남을 선택하기까지
만든 게 나일 수 있고

셋째,
첫째, 둘째까지 가기 전에

뭔가 했었야 했고.

무식

표준에
의미는

내가 세우는 것이 아니다.

내가 더 잘 안다는 생각에
내가 더 잘 한다는 이유로

내 마음에 들지 않는다고
내 보기에 맞지 않는다고

내 뜻대로 바꿀 수는 없다.

각자의 삶이 다다르고
각자의 위치가 다르며
환경과 개성도 다르다.

끄적? 끄덕!

남을 무시하는 행동은
내 무식함에서 온 거다

표준을 어떻게 두느냐가
관계에서 가장 중요하다

표준을 잘 못 정하면
세상에 '표적'이 된다.

연주

조율,
어렵지만
해야 하고 필요한 것

처음부터 완벽한 선택은 있을 수 없다
실수하고 실패하는 과정 속에서
세상과의 타협이 아닌
자신과의 성장적인
조율이 필요할
뿐이다.

바이올린으로 아름다운 소리를 내려면
바르게 앉아 온몸을 불편하게 만든 뒤라야

연주가 가능하다.

끄적? 끄덕!

어쩌면 조율이란
완벽히 준비하지 못했고
완벽한 준비를 할 수 없기에 수반되는
완벽을 향해가는 성장의 다른 이름이 아닐까.

Chapter 2
발걸음을 내딛다

감사와 고마움

타인에게 사랑받고 행복하기 위한

세 가지 조건.

첫째, 자존감
스스로의 삶을 사랑하지 못하면
타인에게 행복을 줄 수 없음에
나 또한 사랑받을 수 없다

나를 사랑하라.

둘째, 체력
체력이 약하면 컨디션이 좋을 수 없고
컨디션이 좋지 못하면 웃을 수 없다
미소는 마음이 아니라 건강한
몸에서 비롯된다

운동하라.

끄적? 끄덕!

셋째, 베풂
가진 것이 많은 사람이 하는 게
베풂이란 생각을 버려라
반드시 물질적인 것이
베풂은 아니다.

남을 도와라.

무기력

가슴 뛰는
삶을 살기 위해서는
멈춤이 아닌 성장을 택하고
도전에 대한 긴장감이 필요하다.

새로운 도전과 시도는
기대와 함께 두근거림을 가져와
심장에 근육을 건강하게 자극하고
혈관과 혈액을 맑고 깨끗하게 만든다.

내 세포와 호르몬은
내 선택에 따라 달라진다.

끝없는 도전과 시도로
건강한 몸을 만들 것인가

끄적? 끄덕!

그대로 멈추어 퇴보해
강한 몸을 잃을 것인가

기분을 만드는 것이 설렘이고
기분으로 만들어지는 것이
세포의 활력이다.

도전과 성장이 멈추면
기분이 다운되고
신체 기능도
마비된다.

울림

미래에 예측 가능한 후회는
지금 대비가 가능하다.

평온한 하루,

하지만 그것에서 비롯된 루즈함
그것을 깨는 최고의 백신은
변심의 외침이다.

지금까지 묵인 해오던
잠들었던 일상을 깨우고
뒤 흔들 수 있는 방법이 바로

과감한 목표 설정과
담대한 꿈을 꾸고
변심을 세상에
외치는 것.

끄적? 끄덕!

잘 될 거라는
잘 할 거라는
격려의 말을
자주 들어야
뭐라도 된다

그렇기 때문에
스스로 동기부여도
스스로 응원도 필요하다
내 말을 가장 먼저 듣는 게

나니까.

줌

애 쓰고 살지 말고
愛 쓰며 살아라

삶의 관계를
굳이 사랑으로
이해해야 하는지
물어오는 이들에게

이렇게
묻고 싶다.

그대는 그대가
세상에 온 이유는
모르지만 사랑 받음에
관심 받음을 즐기지 않았나

그게 사랑하고
이해해야 할 이유다.

끄적? 끄덕!

비포장 길

잡초 하나 없이
모든 길이 깨끗하다면

갈아 놓은 밭인가
숨 없는 아스팔트인가.

인생이란 길에
걸리적 거리는
돌 하나 없다면
슬픔도 없지만
즐거움도 없다.

you 軟

흔들리는 억새와
이리저리 흩날리는 구름
바람에 흔들린 나뭇잎의 듀엣,

흐르던 노래에 어느새 부서진
구름과 나뭇잎은 떠났지만
억새만이 그곳에 남아
그렇게 또 사계를
기다리는구나

세상에 흔들릴때면
억세봐야 부러진다
유연하고 우직하게
억새처럼 이겨내라

2you

뭘 해도 피곤한

이유,

남의 시선은
그의 몫이지
내 몫이 아닌데
스스로 집착하잖아

끄적? 끄덕!

소신

무엇을 바라고 원함을 꿈이라 말하지 마라
희망과 바람이 크다고 다 이뤄지지 않는다

명확한 목적과 목표가 없다면
그것은 꿈이 아니라 허망이고

명확한 목적과 목표가 있어도
계획이 없으면 소망일 뿐이며

목적과 목표와 계획이 있어도
실천이 없다면 섬망일 뿐이다

請하라

네가 이해해 '줘라'
나는 이해가 '안돼'

줘라
안돼

자꾸 달라고 하니까
주기 싫어지는 거다

이해는

받는 게 아니라
구하는 것이다

구하다 에
求 는

끄적? 끄덕!

빌고 청하여 얻는다는 것인데
말만 예쁘고 마음만 미안하면

되는 것이 아니다.

미안함에 나는 진심이었는데
지금 해결되지 못하는 이유는
순간 이해를 바라기 때문이다
이해 받으려면 주려는 사람의
애쓴 마음과 시간이 필요하다
꽃을 꺾고 피우라고 애원하면

꽃이 피는가,

핀다

이듬해.

그러니 조르지도
보채지도 말고 기다려라.
그러다 가지까지 부러뜨리면
시간이 지나도 피우지 못하니까.

끄적? 끄덕!

원한

내가 좋아하는 것에
맞추어 살려니 피곤한 거다.

내가 바라는 것에
맞추어 원하니 피곤한 거다.

누구니
원하고
바라는
것들이
다르다

대부분
인간관계의
기준은 내가 된다

내 생각에서
내 생각으로

끄적? 끄덕!

그래서 부딪히고
그래서 충돌한다

원하면 망한다
원망을 스스로
사왔던 것인가

일방적인 내가
일반적인 나로
변하는 날까지
원함과 이별을.

내 것

도움은,

주는 사람에 마음
받는 사람의 마음
모두 다 중요하다

아무리 좋은 것을 주려해도
받지 않으면 그만인 것이고

아무리 받으려고 원해도
주지 않으면 소용이 없다

바라는 마음 없이 주려했고
그랬다고 생각했지만
상처 받은 이유는
기대를 함께
주었기
때문.

끄적? 끄덕!

그렇다면
내가 받은 상처는

받은 것인가
원래 나의 것인가

내일 날 See

내가
말한 것을
그대가 받으면
그것은 그대 것이고

그대가
말한 것을
내가 받으면
그것은 나의 것이다

상처는
주는 것이 아니라
받는 것이다.

내 것이면 받아 마땅하고
내 것이 아니면 그만이다

끄적? 끄덕!

비가 내려 좋고
비가 와서 싫다

날이 맑아 좋고
날이 환해 싫다

결국 받을지 말지는
내 스스로의 문제다.

감사, 그저 감사

좋아하는 것만 보려 하고
듣고픈 것만 들으려 하니
내게 오는 즐거움이 적다

내게로 향하는 세상의 행복을
내가 좋아하는 것으로만
막고서 블라인드를
내리고 그만큼만
행복해하고
만족하지
못한다.

당장 블라인드를 걷고
세상에 행복을 받아라

끄적? 끄덕!

무엇을 하고 싶은 시간보다
무엇을 하고 있는 시간이

무엇을 원하는 시간보다
무엇에 감사해야 하는지가

더 소중하고 중요하다
행복은 감사하는 만큼
딱 그만큼만 돌아온다.

see same

살다보니
하기 싫어도
질투를 하게 되고
시기를 하게 되더라

질투는
나 자신이 무엇을
갖추기 위해, 갖기 위해
내는 것임에 가끔은 필요하지만

시기는 그렇지 않고
나를 병들게 만든다

질투의 의미는 상대와 상황을
이해하는 것에서 시작하지만,

시기는
상대와 상황을

끄적? 끄덕!

이해하지 못하는 것에서
비롯되어 끝내 자신에게 상처로
한 치의 도움이 되지 않기 때문이다.

질투는 나를 분발케 하고
시기는 나를 병들게 한다

그 넘어

실패는
미래에서 온 것이다

시빌한
계획 없는 미래에서

미래에
충실하지 못하기에

현실의
부족함에 집착한다

과거에
집착은 흐릿함이고

오늘에
집중은 선명함이다

명확한 일상은
선명한 미래에서 온다.

지금

춥다 덥다를 느끼는 것도
문밖을 나갔을 때 얘기다

가고 싶다 가기 싫다
하고 싶다 하기 싫다

고민하는 것도 마음과 생각이
몸을 움직일 수 있어야
가능한 일이다.

어느 날
그저 가고만 싶고
하고만 싶어지는 날이 온다.

생각 할 수 있을 때 생각하고
마음 쓸 수 있을 때 쓰고
움직일 수 있을 때
몸을 써라.

끄적? 끄덕!

건강을 잃으면
생각도 마음도

사라지니까.

점차

관계에서
가까이 하고픈
생각이 깊어지고
맞추려는 척하지만
마음은 '애착'하게 되고
그런 행동과 마음이 부담스러워
떼어내려는 상대방에 '집착'해 결국
매달려 '부착'되고 싶은 마음만 커진다.

애착
집착
부착

이건 물질과 물건에 써야지
이것을 사람과 관계에 쓰면

끄적? 끄덕!

관계는 파멸되고
비탄은 나를
관통한다.

관계에서 해야 할 것은 딱 하나,

침착.

그럴 수도

한 번의 실수와 실패,

그것이 삶에 전부인 것처럼
타인과 자신을 비교하고
스스로를 비하하며

순간이 영원인 듯 착각하고
전쟁으로 여기어 마치 모든 것에
패배한 듯함은 잠자고 있던 피폐함을
불러와 스스로 키워낸 절망에 지배당해

평생 패배자가 되어
마지못해 살아간다.

그럴 수도 있지
그럴 수도 있어
그럴 수도 있다

끄적? 끄덕!

적당한 실패는
적절한 교훈과
경험을 남긴다.

세로등

새벽녘 발길에 따라오더니
어느새 나란히 걷고 있는 너
같이 걸으려니 지나쳐버린 너

따라 오는 너를 보며 회상을
함께 걷는 너를 보며 위로를
앞서 가는 너를 보며 희망을
뒤 돌아가는 널 보며 응원을

그렇게 돌아오고
그렇게 돌아서는

내 모습이 보이기도
여럿에 내가 보이기도
내가 모르는 나를 보기도
나를 버리기도 찾기도 한다

끄적? 끄덕!

세로로 세워둔 세로등을
왜 가로등이라고 하는지는
비춰진 불빛에 누워있는 나를
본 후에야 비로소 알게 되었다.

역설

불평등이 평등보다 우월하다
차별로부터 자유로워짐은
수많은 불평을 자아내는
평등과의 이별뿐이다

일괄적 평등은 자격이나
권리와 의무의 제공으로
변함이 없다는 안주함에
수동적 나태를 초래한다

평등을 뒤로하고 불평등과 마주하여
불평을 넘어서려는 능동적인 행동과
차단된 평등에서 불평등을 갈망하라

스스로 선택한 역경의 시간 속에
불평을 극복하고 불평등의
탄력적 에너지와 함께

춤추라.

끄적? 끄덕!

때때로

때때로 지치는 시간이 온다
하지만 지치는 시간조차
지나치고 지나간다
굳이 벗어나려
하지 마라

되돌리고 싶어도
애써 외면하려 해도
아픔과 아쉬움에 후회도
슬픔에 빠져 있던 시간들도
지우려 하던 시간의 머뭇거림도

후회와 외면 사이를 기웃거리던
망설임에 멈춰진 시간들도
그저 그렇게 흘러간다
어차피 때때로일 뿐
그래, 때때로니까
그럴 수도 있다

때때로는.

따분

멈춰진 일상과 따분해진 매일에
언제나 변화의 실마리를 찾아보지만
대부분 변화를 시도하거나 감지했을 때는
새로움을 통해 동기부여와 답답함을 이겨내려 한다.

하지만 새롭다는 것으로 변화하는 것에는 한계가 있다
새로움은 시간이 지나면서 다시 익숙한 것이 되기 때문에
이러한 방법으로 만족스럽거나 확실한 변화를 이끌어내기도

지속하기도 어렵다.

지금까지 묵혀왔던 시간들 속에서
일상의 평범하고 익숙한 방법들을 붙잡고
그것을 정리, 재정비함으로써 지루한 일상을
되잡고 흔들어 변화를 추구하는 것만이 답이다.

끄적? 끄덕!

무한한 변화의 씨앗은 지난 일상에 뿌려져 있다
새로움을 원하는 시간보다 지나온 흔한 시간에
새로워질 수, 새롭게 바꿀 수 있는 것을 찾아서
뒤집고 흔들고 섞고 바꿔 변화의 씨앗을 심으라.

준비

지난 시간에 기억하지도 못할
사소한 현상들에 대한 반응은
그날에 내 기분으로 결정된다
흥분과 화가 치밀어 오를 수도
너그럽게 이해할 수도 있다.

그러니 눈을 감는 순간에
내일을 위한 마음가짐과
눈을 뜨는 순간에 다짐이
얼마나 중요하단 말인가
삶의 모든 반응은 나 자신

순간적인 상황에 반응만으로 살기에는
수없이 많은 일들이 일어나기 때문에
매일 아침, 저녁으로 되뇌어야 한다

끄적? 끄덕!

내가 보는 그대로
내가 느낀 그대로
내가 말한 그대로
내가 정한 그대로

고요 속 온전히 너그러운 나.

날 위한

불어온 바람이 스침에 계절이 보이고
햇살과 달빛이 비춤에 하루가 보이며
날아든 새들의 지저귐 소리에 아침이
시계를 보면서 서둘러 걸음에 점심을
달빛과 별빛을 마중한 가로등에 밤이

뭐하나 이유 없이 나타나고
이유 없이 사라지고
흘러가고 오고
하지 않더라
다 이유가
있더라

그 속에서 의미 있는 내가 되자
나를 위해 불고 나를 위해 비추고
나를 위해 지저귀며 나를 위해 쉼 없이
바삐 움직이는 시계추에 미안하지 않도록

끄적? 끄덕!

담다

의미 없이 입에 흐르는 한잔
커피 향에 하루가 들어있다

은은하고 달콤한 커피 향에
그날에 즐거움이 기대되고

씁쓸함이 묻어난 커피 향에
하루의 고단함이 녹아있다

오늘은 의미 없던 커피에
이해 한 스푼 감사 한 스푼

커피 향조차 내 맘 따라
그렇게 내게 스미느니

나에게 오늘
내일에 내게
어떤 향기를
담을 것인가

Chapter 3
마음의 결을 맞추다

내면

충분한 외로움에
성실히 고독하라

거울에 비친 외면보다
들여다보는 내면이
아름다워야 한다

비춰진 외면의 시간은
상대가 있어야 하지만
비추는 내면의 시간은
상대가 필요하지 않다

드러냄은 생각이고
드러남은 마음이다
생각으로 살지말고
마음으로 살아가라

끄적? 끄덕!

볼 수 없는 뿌리는 자아며
볼 수 있는 꽃은 자존이다

나를 잘 피워낸 삶은
나를 잘 비운 삶이다.

지나감

모두에게 과거가 있고
모두에게 과제가 있듯

그것을 지워내는 것도
풀어내지 못하는 것도

결국 본인의 몫이지만
어쩌면 무의미한 것을

해결되지 않는 것에서
맞서지 말고 돌아서라

잘 지워내고
잘 풀어냄은
어떤 것인가

돌아서는 것에서
패배란 의심을 버려야
억지적 책임에서 해방된다

끄적? 끄덕!

무조건적인 책임감은
함께하는 이들의 몫이 된다
그들 책임이 아님에도 전가한다

눈이 내린 상고대에 버거운 가지가
부러지는 것을 보며 안타까워하던 겨울도
언제 왔냐는 듯 휘 하고 빠르게 지나지 않더냐
이유도 모른 체 부러진 가지는 무슨 잘못이 있었나

돌아서 보내라
상고대 몇 번 더 피고지면
나도 부러진 가지처럼 질 테니까
붙잡아 두지 말고 부는 바람에 보내라

시간이 영원해야
하는 게 후회이고
영원하지 못하니
하는 게 보냄이다

미숙

나는 매일 도망치는 중이다.

힘듦과 마주하고 싶지 않아
밀어내고 부정하고 억지 써보지만
돌아오는 건 내가 내게 준 부정이란 인식 뿐.

내게 남겨진 시간에
부족함이 부른 조급함에
스스로 다급히 부른 답답함.

사람은 별 수 없나보다
영원이 없기 때문에
서두르다 서투른
실수투성이

그래도 사람이 예쁜 건
그 서투르고 서두름에
실수로 얻어지는 웃음
그리고 아쉬운 눈물은

아닐까.

끄적? 끄덕!

이룸

오늘 눈 뜬 이유가

명확하다면 의지
희미하다면 의식

의지는 자의적인 삶
의식은 타의적인 삶

의지는 목표가 뚜렷한 나
의식은 목표가 희미한 나

의지는 진취적인 삶
의식은 도피적인 삶

떨어지는 시간

한없이 바라보며
가지 마라 가지 마

자꾸만 바라보며
언제 가니 언제 가

지금에서야 시간이
그저 보냄이 아닌
붙잡음도 아닌
떨어지는 것
이라는 걸

안타깝게도
모래시계처럼
되돌릴 수 없이
떨어져가는 시간

오늘 하루 잘 보냈다가 아니라
오늘 하루 잘 썼다가 되어야겠다

방심하면 저녁이야.

다름이 주는 충전

부정을 즐길 줄 알아야 한다.

부정이 따르는 것을 생각해 보면
내 뜻과 다르기 때문인데
그런 다름이 없으면
상대적 만족 또한
없지 않겠나.

부정은 긍정을 충전한다.

끄적? 끄덕!

찰나

내가 맞이하는

순간마다 바뀌는 우리 삶은

편愛

모든 것을
이해할 수 없는
타인의 관계에 대해
동조와 이해, 위로보다
냉철함과 외면이란 차가움이
올바른 선택에 더 도움이 된다.

편을 드는 것은
편애 하는 것과 같아
사회적 통증과 차단만 남을 뿐

편들었던 그도
편애 했던 나도

타인의 관계와
문제에 대하여

쉬이 편들지 말고
쉬잇 하고 조용히

끄적? 끄덕!

인정

내게 중요한 것이
네게 중요한 것이
아니라면

네게 중요한 것이
내게 중요한 것이
아닌 게 돼

중요한 건
너와 내가 아니야
너와 내가 다르다는 것을

인정하고
상대적 존중을
이해하는 것이지.

전화기

필요에 의해서
수시로 바뀌는
손에 쥔 핸드폰

어린 시절에는
설렘 가득하고
낭만이 넘쳤던

하지만 이제는
편의를 위해서
쓰여지고 있다

소품처럼 금세
바꾸고 잊히고
보기 싫어지는

지금은 필요에
원하는 걸 찾는
이기심만 가득

그 시절 그때는
사랑과 우정과
추억과 기억이
들어 있었는데

지금 없어지면
큰일이 났다고
짜증을 내지만

그 시절 그때는
듣고픈 목소리
들을 수 없기에
가슴이 아팠다.

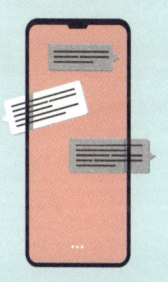

Attitude

일은 안 될 때 열심히 하는 게 아니다.

어느 순간 뜻밖에 행운처럼 잘 될 때 집중해라
안 될 때 집중해 봐야 잘 될 리 없다
안 되는 이유는 그동안 논거다.

놀지 마라.

경력은 태도를 이길 수 없다.

오래 일했다고 우쭐대지 마라
얼마 안 된 사람의 일관적인 태도에
그 아래서 일하게 될 테니까

공부하라.

끄적? 끄덕!

일상에 소소함에 감사하라.

불현 듯 찾아오는 행운과
사람들에게 느끼는 감사는
일 년에 몇 번 되지 못하니까
따져보면 감사할게 별로 없다

만들어라.

high way

살다 보면 - ic
옆길로 새고 싶지만 - 가변차로 운행금지
수많은 삶의 기로에 설 때면 - 분기점
지칠 때면 - 휴게소
피곤할 때면 - 졸음쉼터
꿈꾸는 시간에 일하고 잠시 쉬는 집으로 - jc
가야 할 길이 아니면 안 되지 - 지정 차로 순수
내가 해야 할 것을 하지 않고 있으면 - 주정차 금지
너무 욕심내면 문제가 생기니 - 속도 준수
꾸준히 지켜야 하는 일상에 - 구간단속
늘 나를 조절해 주는 가족, 친구, 동료는 - 과속카메라
그들이 보지 못하는 곳에서 지켜야 할 - 이동식 단속 카메라

고속도로를 나오면 없던 신호등이 있습니다.

우리는 언제나 규칙과 규정 속에 살지요
그만큼 선을 넘지 않는 것이 중요합니다.

끄적? 끄덕!

i

서투름과
기대감은
공존한다.

서두름에
갑갑함도
공존하듯.

마치 아이가
달리려다
넘어지
듯

넘어지는 아이를 보며
웃을 사람은
없다.

나눔

당신에겐 '목적'이 있습니까?

꿈으로 가기 위한 목표만으로는
원하는 곳에 도달할 수 없습니다.

대부분의 사람들은 목표를 물어보면 답하지만,
목적을 물어보면 답하지 못합니다.

큰 사람과 그렇지 못한 사람과의 차이가 여기에 있습니다
목표가 되고 싶은 마음이라면 목적은 되려는 '이유'입니다

목표는 '내가' 주가 되지만 목적은 되고 나서
무엇을 '나누기' 위함에서 출발합니다.

당신이 한 번뿐인 인생에서 더 나은 삶을 살기 위해서는
원하는 것을 이루고 난 뒤에 무엇을 베풀 것인가를
먼저 생각해야 합니다.

끄적? 끄덕!

그렇지 못하면 부족에서 오는 결핍은
그림자처럼 평생 당신을 따라다녀
당신을 초조하고 조급하게
만들 것입니다.

안녕하세요?

인싸보다
인사하라

인사만
크게 해도
삶이 바뀐다

인사는 내 생각이 마음을 넘어
목으로 터져 나는 기본이자
원초적인 태도이기
때문이다.

기어들어가는 인사는
스스로 땅을 파고 들어간다

끄적? 끄덕!

크게 외치는 밝은 인사는
세상을 파고드는 외침이다.

스스로 외치는 내침은
삶의 일침이 될 것이니
인싸 말고 인사를 잘하자.

인사가
당신의 삶에
인사를 정할 테니.

원함

예쁘다고 하지 말고 이해해줘
이해한다 하지 말고 자유를 줘
내버려 두지 말고 신경 좀 써줘
너무 간섭하지 말고 적당히 해.

그냥 니는
혼자 살자

바보야 사랑은
받는 게 아니라

잘
담는 거야.

끄적? 끄덕!

부족

나는
가난의
결핍 속에
다른 이들의
충분을 보면서
불편마저 행복이라 했다

그래서
별것 없이
살고 있지만
나누고만 싶다

그것이 내가 자연에서 배운
삶과 죽음에 대한 답이었고

나에게 가난과 부족은
행복에 지름길이었다.

탓

지금 불안하고
쫓기는 이유는

미루었던
어제 때문이고

내일이 불편해
잠들지 못함은

투덜대던
오늘 때문이다.

끄적? 끄덕!

토닥

오늘 잃었던 것 중에
가장 큰 것은 타인에게
그리고 내게 내어주지 못한

웃음
칭찬
격려
응원
감사

지금이라도 내게는
그 마음 한편 내어주고
내일은 타인에게 내어주자

내일은 그러자.

smile

어제는
무던히

오늘은
덤덤히

내일은
무난히

그렇게
내 삶은

히히히

<u>보고 또 듣고</u>

가장 멋진 야경은
자신의 마음을
보는 것이고

가장 멋진 풍경은
두 귀로 듣는 내
생각이다.

끄적? 끄덕!

Thanks

숨겨진 보석처럼
감춰진 감사를 찾으라

아이들 때문에
바쁘고 힘든 것도
부모만의 특권이다
이 말에 거부감이 들면
당신의 부모를 떠올려라

동료 때문에
어렵고 싫은 것도
당신만의 특권이다
구직자와 실직자들은
그런 시간도 사치일 테니까.

물드는 시간

창문을 열어
아쉬움을
보내니

쳐진 커튼에
아련함이
물든다.

비침

거울을 보며 나이가 들어감을 한탄하던 어느 날
딸이 커가며 더 예뻐지는 얼굴이 떠올랐다
그제야 나는 나이 드는 걸

흔쾌히 허락했다.

그런 〈날〉

의미 없는 인증과 생각에 집착하지 않고
의미 있는 마음과 행동에 집중하며

없어도 베풀 줄 알고
힘들어도 나눌 줄 아는
없음에 만들어졌던 가상을
온전히 돌려주고 떠나가는 사람
평균 이내의 삶에서 벗어나지 않는

그런
날을

그런
나를

Chapter 4
세상과의 숨고르기

빈털터리

잃고 나면 그 뜻이 있어 그랬노라 하지만,
잃으면 반드시 독이 되는 두 가지가 있다.

고마움과 감사,

이것을 잃으면
전부를 잃는다.

끄적? 끄덕!

반복

다빈치가 버린 종이들
베토벤이 버린 악보들

그것들을
어찌 실패로
볼 수 있겠는가

흐름

안전함은
성장의 멈춤과

비례한다.

잔잔하지만
때론 거친 파도가
아름답고 웅장한 바다를

만들 듯.

새벽

불편함에서
편안함을
느낀다.

평소보다 조금만 일찍 일어나도
하루의 선택지가 늘어난다.

해방

편히 앉아
편히 누워

편한 사람 찾아
편한 공간 찾아

마음은 휴식을 취하고 싶지만
머리는 쉼을 허락하지 않는다.

해결되지 않는 삶의
갖가지 문제에 대한 쉼은
그것으로부터 해방된 시간에

저절로 찾아온다.

해방에 답은
머리와 마음에 없다.

끄적? 끄덕!

생각과 마음을 이기는 것이
바로 몸이다.

삶이 힘든 이유는
몸을 가만히 두기 때문이다.

몸을 움직이지 않으면 내 세포도
그대로 멈춰 모든 감각과 신경에 살이 쪄

둔해진다.

쉬고 싶어도 그럴 수 없음은
이미 썩혀왔던 세포
때문이다.

당장 몸부터 바꾸어라
남김없이 발가벗어
보이지 않던 내

세포들과 나를
마주하라.

내 세포가 뇌 세포를 이기고
뇌 세포를 이겨야 쉼이 온다

끄적? 끄덕!

다시 봄

눈이 녹아 봄이 오면
며칠 뒤에 추위가 찾아오고

봄비 내려 여름 오면
며칠 뒤 꽃샘추위 찾아온다

장마 지나 가을 오면
며칠 뒤에 늦더위 찾아오고

낙엽 지어 겨울 오면
며칠 뒤 가을하늘 열려있네

이렇듯 사계도 미련을 갖는다.

그러니 사람의 미련은
당연하지 아니한가
그저 그냥 두어라
애써 버린다고
버려지랴.

부치지 못한 나

가을이
지나가는 것엔
아쉬움이 만연하고

삶에 시간이
지나가는 것은
알길 없이 보낸다.

단풍은
그 모습 그대로
다시 돌아오는데

돌아오는 가을 내 모습은
비슷한 모습으로 올 수도
돌아오지 못할 수도 있다.

끄적? 끄덕!

이
가을
떠나는
내 시간은
비슷하게나마
다시 오긴 하는 걸까

흩날리는 낙엽들 속에
가을을 떠나보내지만

잊혀질지도 모를 나는
어디로 보내야 하는가.

과장 없이, 안주 없이

가장 잘하는 것을 잘하려고 노력해야지
과장 잘하는 것을 잘하려고 하면 안된다

언제나 타인에게 배우려 해야지
내게 타인을 반감해서는 안된다

만족하는 삶이 어디 있겠나
안주하는 삶이 있을 뿐이지

끄적? 끄덕!

안주

현재의 평온함으로
무엇을 믿는다는 것은
나태로 가기 위한 지름길이고
풍요와 나태의 익숙함에 도착한 곳은
결핍에 고립되어 나올 수 없는 정체의 늪이다

믿음에서 출발했던 차는 도로 위에 정차한다
원하는 곳으로 이동해 그곳에 닿기를 바라지만
지난 시간 타이어, 엔진오일 한번 교체 없던 만족은
기름만으로 차를 움직일 수 없는 결핍의 고립을 만든다.

스스로 갇혀버린
고립의 탈피는
익숙함에서
불편함을
스스로
찾는
것

피는 봄

삐뚤삐뚤 둥긍둥글 여러 모양 바위를 누가 옮겼을까
하얗게 내린 눈이 쌓여 장독대로 만들었나 보다
돌로 만든 장독대 사이 구멍이 났나 보네
담기어져 있던 봄이 신나게도 흐른다
조르륵 흐르는 물소리에 하나 둘
겨울 장독은 깨지고 봄이 핀다.

나아짐

타인의 시선에 불편한 습관을
많이 갖춘 자가 갖는 타이틀,
성장은 불편함에서
시작된다.

끄적? 끄덕!

오판

학업을 마치고
해봐서 안다고
생각하는 순간

마라톤과 같은 삶의 여정을
100m 달리기로 착각하게 만들어
멈추고 뛰기를 반복해 지치게 만든다.

같이

나만을 위해 썼던 시간과
나와 누군가를 위해 썼던

시간의 차이가
가치의 차이다

독고die

위대해 지려면
위대함에서
대를 빼면
된다.

위함,

누군가를 위한 것으로의 시작은
그렇지 않은 시작과 노력보다
빠르고 깊고 크다.

끄적? 끄덕!

다다르다

간신히 기회를 얻어도
간단히 잃는 게 세상.

간사한 성취보다
간절한 노력으로

다다름을
인정하라

공존

천사와
악마는
공존해

그러니 누굴 부를지
언제나 준비해야 해

착하지
못하면
착한 척
이라도
해야지

척 중에 최고는
착한 척 이니까

끄적? 끄덕!

T

낼 거 다 내고 살면
주변에 사람이 마릅니다.

혼자 사는 세상이 아님에
기분보다 분위기가 중요합니다.

내가 우선이 되면 진상, 밉상
분위기가 우선 되면

내가 上.

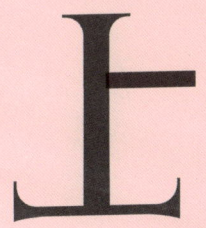

기대 유통기한

기대의 시작은 단순해서
되어도, 안 되어도 크게
문제가 생기지
않는다.

그렇지만
시간이 길어질수록
본질이 변하기 시작한다.

기대에서 바람으로
바람에서 소망으로
소망에서 반드시로

기대는 '절대적' 원함으로

실망과
원망을
부른다

끄적? 끄덕!

on do

지금의
열정에
온도가

1도 인가
99도 인가는
중요하지 않다.

99도에서 마지막 1도가 더해지지 못하면
시작하는 단계인 1도가 더 위대할 뿐이다.

머무르는 것 보다
비우고 버리고 새로
시작 하는 것이 필요할 뿐.

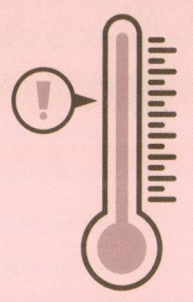

끄적? 끄덕!

연극

소신 있게
행동하세요.
시선을 신경 쓰다보면
결국 소설을 쓰게 되니까.

과장

이룬 것은 중요하지 않다.

이루어온 것들이
지속되지 못하고
무너지는 이유는
과정에서 문제가
있었기 때문이다.

어제오늘
변함없이
같으면서
나아지길
기도하는
어리석음
이제 그만

그대는
성장하고 있는가
과장하고 있는가.

나눔2

나이가 들수록 세상에
욕심과 미련이 커진다
산도 오를수록 높이와
기록에 욕심이 커진다

더 나이가 들면 내려놓는 때가온다
한 때 오르려던 높은 산도 마찬가지

포기에 대해서 하는 말이 아니다
베풂에 대해서 하고 있는 말이다

열 가지 원함에서 하나를 빼고
내려놓은 하나에 하나를 더해
둘을 베풀어보라 삶의 풍요는
베풂과 나눔의 실천에 있으니
삶은 더하기라고 생각 했는데
잘 빼서 잘 돕는 것이 삶이더라

매일 하나를 돕고
매일 둘을 베풀라

감사, 그저 감사

좋아하는 것만 보려 하고
듣고픈 것만 들으려 하니
내게 오는 즐거움이 적다

내게로 향하는 세상의 행복을
내가 좋아하는 것으로만
막고서 블라인드를
내리고 그만큼만
행복해하고
만족하지
못한다.

당장 블라인드를 걷고
세상에 행복을 받아라

끄적? 끄덕!

무엇을 하고 싶은 시간보다
무엇을 하고 있는 시간이

무엇을 원하는 시간보다
무엇에 감사해야 하는지가

더 소중하고 중요하다
행복은 감사하는 만큼
딱 그만큼만 돌아온다.

나눔3

무엇인가를 위해 애를 쓰는 시간이
삶에 가장 위대한 시간이다

그보다 위대한 시간이 바로
누군가를 위해 애를 쓰는 시간이다

감사와 고마움을 느끼는 시간이
세상 가장 아름다운 시간이고

그보다 아름다운 시간이 바로
누군가를 위해 베푸는 시간이다
우리 삶은 휘 왔다가 휘 가지만
누군가에게 스미어 든 감정은
내가 떠나도 영원토록
그에게 남아있다

끄적? 끄덕!

남길 것을 생각하지 말고
세상에 스며들 것을
생각하고 베풀며
그렇게 살자.

누군가의 얼굴에 웃음을 피울 때
나도 행복해 지는 것은 다 같으리.

마인드 라이트북
끄적? 끄덕!

2025년 9월 25일 1쇄 발행

지은이 | 정성교

책임편집 | 이경민
디자인 편집 총괄 | 이경민

발행인 | 이경민
발행처 | 마이티북스

© 마이티북스

출판사 연락처
전화 | 010-5148-9433
이메일 | novelstudylab@naver.com
홈페이지 | http://마이티북스.com/

ISBN 979-11-994493-6-7

이 책은 저작권법에 따라 보호받는 저작물이므로
무단전재와 무단복제를 금지하며,
이 책 내용의 전부 또는 일부를 이용하려면,
반드시 저작권자들과 출판사의 서면 동의를 받아야 합니다.

정가는 책 뒤표지에 표기되어 있습니다.
파본이나 잘못된 책은 구매한 서점에서 교환해 드립니다.